DE LA CIVILISATION

EN CHINE

ET DE SON AVENIR

PAR

M. JULES ITIER

De l'Académie de Marseille.

MARSEILLE,

TYPOGRAPHIE VEUVE MARIUS OLIVE, RUE PARADIS, 68.

1860

DE LA CIVILISATION DE LA CHINE

ET DE SON AVENIR.

De tous les sujets d'observations qu'offrent les diverses constitutions sociales des innombrables populations de l'Asie, il n'en est pas qui impressionne plus profondément que le spectacle de la civilisation de la Chine, de cette civilisation qui, ayant pris naissance aux premiers âges du monde, sur les lieux même où elle a grandi, s'est avancée parallèlement au développement social des autres peuples, mais sans mélange, sans point de contact avec ces peuples, n'a fait aucun emprunt, a dû tout inventer, tout approprier elle-même à ses besoins et résume aujourd'hui cinq mille ans de progrès, tout en constituant un état social dont l'infériorité, relativement à la civilisation de l'Occident, est cependant évidente, surtout au point de vue matériel.

Ou la logique ne gouverne pas le monde dans l'extrême Orient, comme en Occident, ou les voies ouvertes par la Providence au développement social des Chinois, ont été embarrassées d'obstacles que n'a pas rencontrés dans sa marche la civilisation européenne, puisque, moins ancienne, cette dernière laisse déjà loin derrière elle la civilisation chinoise, son aînée d'un grand nombre de siècles.

Mais quels sont donc les obstacles qui peuvent retarder le développement social d'un peuple ? Nous n'hésiterons pas à placer en première ligne une forme de gouvernement défectueuse. Or, s'il est un principe gouvernemental favorable à l'humanité, c'est assurément celui qui règne en Chine et qui a pour base l'autorité du père de famille. L'empereur, qui en est investi, le délègue à tous les fonctionnaires de la hiérarchie administrative et ce principe porte avec lui sa définition : l'autorité ne doit s'exercer que dans l'intérêt et pour le plus grand bien du peuple ; je ne sache rien qui trace plus étroitement la ligne de conduite d'un souverain, parce qu'il suffit, pour la suivre, des plus simples notions du juste et de l'injuste, notions auxquelles la conscience ne fait jamais défaut.

Est-ce à dire que l'Empire du Milieu n'ait jamais eu de souverain vicieux qui ait été le fléau de son peuple ? assurément, non ; mais ce souverain n'aurait pu, se faisant, comme ailleurs, illusion sur sa mission, s'écrier : *L'Etat c'est moi !* En obéissant aux inspirations de son égoïsme, il manquait sciemment aux principes qui l'avaient appelé au trône et entrait en révolte ouverte avec sa propre conscience. Ce sera là, en définitive, dans tous les pays et à toutes les époques, la plus haute garantie des gouvernés. C'est grâces à elle, n'en doutons pas, que la Chine a compté une longue suite d'empereurs qui n'ont pas eu d'autre but, d'autre passion que le bonheur de leurs sujets et qui se sont montrés, selon l'expression consacrée en Chine, *le père et la mère du peuple.*

Il faut donc chercher ailleurs que dans la forme du gouvernement, la cause du retard qu'a éprouvé la marche de l'esprit humain en Chine.

Serait-ce la constitution physique de la contrée ? Mais la Chine est le pays le plus sain de la terre, le plus fertile, le mieux cultivé ; celui où la population est la plus dense ; il ne s'est opéré, à aucune époque de son histoire, de ces modifications climatériques auxquelles on pourrait attribuer une dépression notable des forces productives d'un pays, telles. par exemple, que la sécheresse extrême et persistante qui a ruiné les vallées jadis si fécondes de la Bactriane, de l'Assyrie et les riches plaines où s'élevèrent autrefois Ninive et Babylone. Spectacle saisissant d'une haute civilisation anéantie dans sa marche par la réprobation céleste !

Sont-ce donc les mœurs publiques, dont la corruption

aurait frappé l'entendement humain dans sa source? Mais, observées très-superficiellement, les mœurs des Chinois ont été fort calomniées. Les classes inférieures, dans les campagnes comme dans les villes de l'intérieur, sont remarquables par l'aménité de leur caractère et la douceur de leurs mœurs. Toutes les vertus y sont en honneur. L'autorité à peu près illimitée du père de famille, entretient une hiérarchie sociale où le sentiment du devoir passe toujours avant celui du droit. Aussi laborieux qu'économe, le cultivateur n'attend rien que de son travail et oppose une patience à toute épreuve aux difficultés de la vie ; il remercie, matin et soir, comme j'ai déjà eu occasion de le dire, l'auteur de toutes choses, le *Tien*, de la part, si minime qu'elle soit, à lui faite dans la répartition des biens de ce monde, et enseigne de bonne heure, à ses enfants, à tout rapporter à l'intervention de la divinité qu'il implore sur l'autel de la famille.

La haute classe, celle des *lettrés*, est généralement guidée dans la vie par les principes de la morale de *Confutzé*, expression la plus haute de la sagesse à laquelle il ait été donné à l'homme privé des lumières du christianisme d'atteindre.

C'est uniquement dans la basse classe du littoral maritime et dans une partie de la classe demi-bourgeoise des villes que la démoralisation semble s'être concentrée ; c'est là que quelques observateurs superficiels se sont sans doute formé une opinion qu'ils ont généralisée fort à tort. Dans cette catégorie de gens, il est vrai, l'homme a tous les vices de sa nature animale ; il a rarement les instincts du tigre, mais souvent ceux du loup et du renard, toujours ceux du pourceau. Les fausses teintes de la civilisation ont effacé les doux penchants que Dieu a placés au cœur de l'homme, sans y substituer les énergiques ressorts de la raison. C'est qu'il en est des demi-civilisés comme des demi-savants, un faux jour les éclaire et les fait descendre dans l'échelle sociale au-dessous du sauvage ou de l'ignorant.

Quoi qu'il en soit, il serait souverainement injuste,
parce qu'une classe de gens qui ne représente guère qu'un
centième de la population de la Chine, est profondément
corrompue, d'imprimer le sceau de l'infamie sur toute
une nation ; nous le disons dans toute la sincérité de nos
convictions : les mœurs en Chine peuvent différer sous
bien des rapports des mœurs de l'Europe, mais à les con-
sidérer dans leur ensemble, elles sauvegardent la société
tout aussi efficacement que chez nous ; ce n'est donc pas là
qu'il faut chercher le mot de l'énigme qui nous occupe.

Quelques esprits peu philosophiques, admettant non-
seulement la diversité des races humaines, mais des différences profondes, infinies dans leurs aptitudes naturelles,
ont été jusqu'à nier le principe de la perfectibilité indéfinie
chez les Chinois. C'était commettre deux erreurs : erreur
de logique, en résolvant la question par la question ;
erreur philosophique, car fixer une limite à l'esprit humain, c'est le rejeter dans la matière qu'on pèse ou qu'on
mesure ; or, le rayon divin de l'intelligence ne saurait être
matérialisé.

Au surplus, cette opinion trahit d'étranges illusions sur
le fonds de notre supériorité à l'endroit des Chinois ; notre
supériorité est aussi récente qu'elle est grande ; elle compte
à peine deux cents ans et date de l'époque où les sciences
exactes prenant leur essor à l'aide de théories qui coordon-
naient les faits observés, nous découvrirent les champs de
l'avenir et nous ont permis de dévorer aujourd'hui l'espace
ouvert aux progrès de l'humanité. Grâces à ces théories,
nous courons avec une vitesse dont il n'est donné à per-
sonne de sommer les accroissements, tandis que les Chinois marchent depuis des siècles d'un pas égal et si lent
qu'ils nous semblent immobiles, à nous qui avons donné
l'électricité pour véhicule à la pensée ; mais retournons à
deux ou trois siècles en arrière et voyons si cette civilisation si méprisée n'était pas à cette époque plus avancée que
la nôtre ; nous ne ferons pas entrer dans le débat nos
étranges idées d'alors, notre morale relâchée, nos incroya-

bles préjugés de ce temps-là. — C'est affaire de goût et il
faudrait des volumes pour établir un parallèle toujours
faussé par la dualité du point de vue ; — mais puisque
nous sommes fiers, et à juste titre certainement, du puissant développement de nos sociétés modernes, dont nous
considérons les arts appliqués aux besoins de l'homme
comme l'expression matérielle la plus haute, prenons pour
terme de comparaison ces mêmes arts en Europe et en
Chine au commencement du XVIe siècle... Mais , non, ne
comparons pas... Que poserions-nous en regard du développement colossal de l'agriculture des Chinois , à cette
époque , de cette masse de faits chimiques et physiques
recueillis, appliqués durant des siècles ; de leurs connais-
sances pratiques en histoire naturelle, de leur pisciculture,
de leurs industries séricicole et cotonnière , de leurs mer-
veilleux tissus, produits de cent plantes textiles qui nous
sont encore inconnues ; de leurs inimitables teintures , de
leurs couleurs , de leur papeterie, de leurs arts cérami-
ques, de leurs brillants émaux !

Que le spectacle de cette antique grandeur fasse à jamais
justice de ces arguments de cerveaux malades, sur l'inap-
titude de la race chinoise à s'élever à notre hauteur intel-
lectuelle.

L'infériorité des Chinois dans l'art de la guerre a été
aussi, aux yeux de certaines gens peu réfléchis, le motif
du plus profond mépris pour ce peuple attardé qui combat
encore avec des flèches, des sarbacanes et dont le fusil à
mèche constitue l'invention nouvelle : si le progrès est
l'expression des besoins sociaux, que prouve le grand développement de l'art militaire en Europe?... Il prouve que
nos rapports internationaux sont tels que tous les efforts
de l'intelligence ont dû se concentrer sur l'art de faire pré-
valoir la force ; art de première nécessité, parce que nos
mœurs, nos instincts, nous portent sans cesse à faire appel
à la force brutale. Les Chinois sont fort arriérés sous ce
rapport, parce que les grandes guerres, ces calamités publiques si fréquentes parmi nous , leur étant à peu près

inconnues, ils n'ont pas eu à rechercher des perfectionnements qui n'auraient répondu à aucun besoin, qui, en un mot, n'auraient pas eu leur raison d'être.

La Chine, au XVIe siècle, était donc plus avancée que l'Europe dans les voies du bien-être matériel et dans les conditions générales d'existence comme peuple : l'avénement des sciences modernes a, en un instant, changé la face des choses, et, semblable à un de ces monticules de terre destinés à mesurer un déblai, la Chine est restée en place comme pour servir de *témoin* aux rapides progrès de la civilisation européenne appuyée sur l'élément scientifique. C'est cet élément qui fait évidemment défaut à la civilisation chinoise.

Mais comment les sciences sont-elles demeurées depuis si longtemps dans un état d'infériorité aussi marqué, chez un peuple dont le nom se rattache aux plus grandes découvertes du génie de l'homme: la boussole, la poudre à canon, l'imprimerie? Comment, avec de tels horizons ouverts depuis des milliers d'années à l'esprit humain, en être encore au point de départ, alors qu'à peine initiée à ces découvertes, l'Europe en tirait les conséquences les plus fécondes, en faisait les plus admirables applications et achevait ainsi, dans ces derniers temps, par le *télégraphe électrique*, la prise de possession de la terre, ce domaine de l'homme ?

C'est que le mérite des grandes découvertes appartient, nous ne dirons pas au hasard, mais à la longue succession des temps pendant lesquels le même fait naturel étant venu s'offrir un nombre indéfini de fois aux hommes, l'un d'eux s'est enfin rencontré dans des conditions contingentes pour l'observer et s'en emparer au profit de l'humanité. La science, au contraire, est le fruit d'automne de la civilisation et, ajoutons-le, la rapidité ainsi que le volume de son accroissement sont en raison directe du nombre des intelligences qui le cultivent. Car la condition première d'un rapide développement scientifique, c'est d'y faire concourir les masses; c'est là une de ces vérités restées inaperçues par quelques esprits attardés qui regrettent que le latin ne soit plus la langue scientifique. Assurément cette langue morte, en mettant en communication, d'un bout de l'Europe à l'autre, les Bernouilli, les Galilée, les L'Hopital, les Viviani, les Euler, les Leibnitz, les Descartes, les Pascal, etc., a constitué un premier fonds commun qui n'a pas été sans influence sur l'avancement des sciences, à une époque où les langues vivantes ne servaient pas encore aux relations de peuple à peuple. Mais combien plus rapide a été le progrès, du jour où, grâces à ces langues, la science vulgarisée a pénétré dans les masses, y éveillant toutes les aptitudes qui s'ignoraient, et préparant l'explosion de ces innombrables découvertes dont l'éclat nous éblouit chaque jour.

Si l'on admet avec nous la nécessité de ce concours universel des intelligences, il faut, pour l'obtenir, que le langage, ce fil conducteur de la pensée, puisse mettre les masses en communication. Or, il n'en est pas ainsi en Chine, non pas tant parce que le langage parlé diffère dans chacune des dix-huit provinces de l'empire, que parce que le système d'écriture n'est accessible qu'à un nombre restreint de lettrés. Telle est, je n'hésite pas à le dire, l'unique cause de l'état arriéré des sciences en Chine, et, comme conséquence, de l'immobilité de la civilisation.

On sait que les Chinois n'ont pas d'alphabet; ils se servent, comme je l'ai déjà fait observer ailleurs, de caractères hiérogliphyques représentant des faits, des idées, des mots. Tel était aussi le système graphique dont les anciens Egyptiens et les Mexicains ont couvert leurs temples; il semble que ce système d'écriture ait dû se présenter de prime abord à l'esprit de l'homme lorsqu'il sentit pour la première fois la nécessité de donner une durée à sa parole fugitive; les signes dont il se servit furent d'abord la représentation des objets matériels dont il avait à s'occuper : ce mode tout primitif, en suivant pas à pas dans ses développements les progrès de la civilisation, répondit à tous les besoins ; le nombre des signes augmenta peu à peu ; après avoir exprimé des sujets simples et bornés, il

dut satisfaire à la nécessité de rendre des idées complexes;
c'est ainsi que, dans l'espace de soixante siècles, l'écriture
hiéroglyphique des Chinois s'est enrichie, je devrais dire
encombrée de cinquante à soixante mille caractères, qui
rendent aujourd'hui sa connaissance complète, impossible
à qui que ce soit, bien que son étude absorbe l'existence
de tous les hommes lettrés de l'Empire du Milieu.

Quelques personnes, il est vrai, ont émis l'opinion que
les difficultés de l'écriture chinoise avaient été singulière-
ment grossies, si on la considère surtout dans le *Kouan-
hoa* ou style moderne. En effet, ont-elles dit, quelle que
soit l'obscurité qui doit nécessairement résulter pour cette
langue, de la quantité prodigieuse de mots homophones
et de l'absence complète de formes grammaticales obliga-
toires, on reconnaîtra que le *Kouan-hoa*, avec ses mots
composés, ses règles de position et ses nombreuses parti-
cules significatives, peut se rapprocher, lorsqu'il en
éprouve le besoin, de l'organisme grammatical des autres
langues, et de fait, ajoutait-on, s'il n'en était pas ainsi,
comment concevoir que les missionnaires européens aient
pu écrire des ouvrages scientifiques et des traités de théologie catholique, avec un instrument si réfractaire à l'expression de la pensée; mais on oublie d'ajouter que les ouvrages de science et de théologie écrits par les missionnaires
sont restés lettre close aussitôt après leur départ, et que
les portes du Tribunal des Mathématiques, fondé par les
Jésuites, n'ont pas tardé à se fermer, faute de praticiens
en état de comprendre les instructions écrites qu'on leur
avait laissées.

Enfin on a dit que, si on rencontre dans le grand dic-
tionnaire de l'empereur *Khang-hi*, 42,000 caractères, ils
se réduisent à 15,000 environ, en faisant abstraction des
10,000 variantes, d'anciens caractères aujourd'hui inusi-
tés, des noms propres et des caractères techniques; qu'en
Chine, les étudiants qui concourent pour le grade *Kin-jin*
ou la licence, n'ont besoin que d'avoir étudié à fond les
quatre livres classiques et un livre canonique à leur choix.

Or, les quatre livres classiques ne contiennent pas plus de 2,400 caractères distincts les uns des autres. D'ailleurs, a-t-on ajouté, les caractères élémentaires ou clés, qu'on pourrait jusqu'à un certain point appeler l'alphabet des Chinois, ne sont qu'au nombre de 214 servant dans les dictionnaires à la classification de tous les autres signes qui en dérivent par l'addition de traits élémentaires.

Assurément, ces deux cent quatorze racines aident aux efforts de la mémoire en lui offrant des points de repère ; mais elles sont trop multipliées et subissent trop de transformations arbitraires, pour qu'il soit possible à l'homme le mieux doué de loger dans sa tête plus de douze à quinze mille caractères provenant de la combinaison de ces clés. L'Empire Céleste ne compte peut-être pas *vingt lettrés* de cette force et s'il est vrai qu'il ne soit pas indispensable d'en connaître un aussi grand nombre pour lire une foule d'ouvrages, il y a toujours un certain effort de mémoire à faire, à l'égard des caractères peu usités qu'on rencontre. Or, cet effort, quand il s'agit d'aborder les abstractions de la science, distrait l'intelligence, l'énerve et ne lui laisse plus assez de vigueur pour suivre le fond du sujet.

Parvenue à cet état de richesse stérile, la langue chinoise ne peut plus exprimer que bien difficilement des idées nouvelles ; il n'y a plus, pour ainsi dire, de place pour elles dans la langue ; c'est un instrument qui fonctionne déjà trop péniblement pour en étendre davantage l'emploi.

Pour exprimer aujourd'hui les vérités scientifiques et les idées nouvelles qui dérivent des faits accumulés depuis des siècles ; pour donner à ces idées un ordre raisonné, pour satisfaire, en un mot, aux exigences de la science moderne, il ne faudrait pas moins de quelques centaines de mots nouveaux, c'est-à-dire de quelques centaines de caractères graphiques ; se fait-on une idée d'une pareille création ainsi que des difficultés de vulgariser la connaissance de ces nouveaux caractères, eût-on recours pour les former aux mots composés dont le *K'ouan-hoa* fournit de nombreux exemples.

L'obstacle insurmontable que la langue chinoise oppose
à l'avancement des sciences, résulte aussi de ce que tous
les hommes d'intelligence de la nation, consument le
temps qu'on donne ailleurs à l'étude des phénomènes de la
nature, à apprendre à lire une partie des caractères de la
langue et surtout à les tracer, car l'art de l'écriture ré-
clame une extrême précision dans la forme, afin d'éviter
la confusion des caractères que des différences impercepti-
bles doivent cependant distinguer les uns des autres. Aussi,
le titre de calligraphe est-il en très-grand honneur en
Chine.

Les lettrés demeurant forcément étrangers aux recher-
ches scientifiques ne sont pas en mesure, eux qui ont le
monopole de la fabrication des mots, puisqu'il faut savoir
tous les caractères d'une langue pour en inventer de nouveaux, de reconnaître la nécessité d'en créer. D'ailleurs,
je le répète, les quelques centaines de caractères nouveaux dont les Chinois auraient besoin pour aborder nos
théories scientifiques n'auraient été compris que d'un très-
petit nombre de savants, et ce n'est pas, je crois l'avoir
démontré plus haut, dans de telles conditions que les
sciences progressent : je vais plus loin. elles ne peuvent
même exister que comme collection confuse de faits pratiques dont aucun homme d'étude n'occupe son intelligence
et qu'on se borne à appliquer tels quels aux besoins de la
vie.

Tout le monde sait lire et écrire en Chine, mais on a
déjà compris, d'après les explications qui précèdent, que
cette énonciation du degré d'instruction du peuple, est
loin d'avoir le sens que nous y attachons. La plupart ne
connaissent pas au-delà de quelques centaines de mots et
un grand nombre se bornent à savoir les caractères relatifs
à la profession qu'ils exercent. Je me rappelle, à ce sujet,
qu'en parcourant les rues de Canton avec mon domestique
chinois, je constatai avec étonnement qu'il ne pouvait me
traduire que les enseignes des cordonniers, parce qu'il
n'avait appris que le métier de cordonnier.

On comprend, dès-lors, que la sphère d'action de chaque publication est exactement limitée par le sujet qu'elle
traite : plus le sujet s'élève, plus elle se rétrécit, et de ce
que le système graphique des Chinois mesure si étroitement à chaque classe de la population la portion de lumière
que ses yeux sont habitués à supporter, il en doit résulter
que, n'éveillant aucune idée de progrès, il constitue forcément une société dans laquelle la pensée ne se renouvelle
pas, une société stationnaire.

La nôtre eût subi sans doute le même sort si, à un moment donné, moment suprême pour les destinées de la civilisation occidentale, l'un des peuples les plus remarquables de la race sémitique, les Phéniciens, n'eussent aperçu,
par une inspiration de génie, et l'écueil de la langue hiéroglyphique, éternellement condamnée à perfectionner ses
défauts, et les voies nouvelles ouvertes à l'infini aux progrès de l'humanité par l'invention de l'alphabet. Admira-
ble invention, qui témoigne de quels vigoureux efforts
d'analyse l'esprit humain fut capable, invention à laquelle
les Grecs rendaient un éclatant hommage, lorsque, dans
leurs ingénieuses allégories, ils élevaient au rang des
demi-dieux *Cadmus* substituant, il y a quatre mille ans,
l'alphabet aux caractères grossiers dont se servaient les
Pélasges.

Cette substitution serait encore, à nos yeux, l'unique
moyen de remettre en marche le char de la civilisation
chinoise, mais qui oserait proposer sérieusement une pareille solution ? L'impérieux besoin d'une langue alphabé-
tique sera peut-être un jour compris surtout par les populations chinoises en contact avec les Européens et au sein
desquelles il existe déjà quelques hommes qui, pour s'ini-
tier à nos sciences, ont appris la langue anglaise qu'ils
parlent et écrivent correctement. Mais ils rencontreront une
résistance insurmontable de la part des lettrés. Comment
admettre, en effet, que ces hauts dépositaires des connais-
sances des Chinois, après avoir consacré leur existence
aux études les plus arides et conquis par leurs travaux les

premiers rangs dans la hiérarchie sociale de leur pays, consentent à reconnaître qu'ils n'ont acquis qu'une vaine science condamnée désormais à l'oubli ; un tel sacrifice est au-dessus de toute abnégation humaine, et le dernier des lettrés protesterait encore, sur les ruines de la société chinoise, en faveur de sa langue hiéroglyphique.

Et que dirait telle de nos universités d'Europe où fleurissent le grec et le latin si, sous le motif de favoriser le mouvement des esprits et l'expansion de la civilisation moderne, on osait proposer de substituer à l'étude classique des langues mortes, celle des langues vivantes, se bornât-on même à demander humblement que le grec et le latin fussent placés à l'arrière-plan de l'enseignement, afin de préparer par l'étude des langues vivantes l'avènement d'un langage universel traité de rêve par nos pères, et rêve alors de la philosophie, mais qui de nos jours semble être la conséquence probable du rapprochement matériel des divers peuples de l'Europe par les voies ferrées et le télégraphe électrique ? Une pareille proposition serait repoussée avec indignation ; la résistance s'organiserait dans toutes les Facultés et c'est au nom de l'instruction littéraire, de l'histoire, de la logique, de la philosophie, des mœurs et en un mot de la civilisation tout entière, que cette proposition serait déclarée intempestive et mal sonnante. Eh bien, les lettrés Chinois, dans leurs illusions sur l'excellence de leurs études, feront usage d'arguments de même apparence pour sauvegarder leur système graphique que le temps inexorable emportera néanmoins dans son cours, avec tous les vieux débris du passé.

Destinée à servir de phare à la civilisation du monde, l'Europe pressera par la force expansive de ses idées, bien plus que par celle de la poudre à canon, la marche des évènements. Les Chinois ne sauraient rester longtemps au contact de notre grand développement scientifique et surtout des immenses applications qui en ont été faites, ainsi que du bien-être qu'elles procurent, sans se laisser entraîner dans les mêmes voies. La révolution commencera nécessairement en Chine par l'étude des langues européennes, car la communauté de langage est la première condition de la communauté des progrès; n'est-ce pas là un motif puissant pour que les diverses nations de l'Europe, allant au devant du mouvement qui se prépare, donnent une grande impulsion à la double étude des sciences exactes et des langues vivantes, puisque ces études doivent, dans un avenir rapproché, ouvrir la Chine, comme le reste du monde, à l'activité de nos ingénieurs et des divers ouvriers de la science appliquée.

Les évènements qui se pressent actuellement en Chine, s'ils sont habilement mis à profit par la France, doivent hâter le moment où l'Europe pourra entreprendre avec suite, la propagande scientifique qui doit renouveler la face de la civilisation Chinoise, en faisant pénétrer dans les arts et l'industrie l'élément qui leur fait défaut et dont l'absence les condamne depuis des siècles à l'immobilité.

Ce sera l'œuvre d'une paix dont les Anglais viennent par la brutalité de leurs procédés d'éloigner la conclusion, mais qui ne peut manquer d'être prochaine, car le gouvernement Chinois, malgré sa facile victoire à l'embouchure du Péi-Ho, ne saurait se faire d'illusions sur la faiblesse de ses moyens de résistance : il en sera plus convaincu que jamais alors que l'expédition Française, après avoir balayé et l'armée Tartare et les forts et les obstacles de toute nature accumulés à l'entrée de la rivière de Pekin, sera campée à *Tien-Tsin*, maîtresse de la mer et du cours du grand canal impérial par lequel la capitale du Céleste-Empire reçoit tous ses approvisionnements.

L'ultimatum de l'Europe, quel qu'il soit, sera accepté n'en doutons pas; mais la France, dont la mission providentielle est d'éclairer le monde et non de l'asservir, ne dictera que des conditions admissibles, les seules d'ailleurs qu'une saine et noble politique ait chance de voir fidèlement exécuter; elle n'aura pas besoin, pour se montrer grande et généreuse envers les vaincus d'envisager le danger auquel le renversement du gouvernement Impérial exposerait pour longtemps les relations des Européens, en présence d'une affreuse anarchie succédant à la chute de la dynastie *Mantchoux*; non, elle ne poussera pas le cri sauvage de *Vœ victis !* et ne voudra pas justifier aux yeux de ces peuples, auxquels elle prétend apporter et les vives lumières de notre civilisation moderne et la doctrine du divin Maître, le nom de barbare, de *Fan-Koï* (diable étranger) infligé non sans quelque raison, dans toute la Chine, aux Anglais.

La mansuétude de la France, après la victoire élargira la brêche du canon et préparera les seules voies de la fusion des civilisations Européenne et Chinoise, car la force peut subjuguer, mais elle n'entraîne ni ne persuade; c'est à la douceur des procédés, à l'équité des actes, à l'amour de Dieu en un mot qu'appartient la soumission des cœurs.

Immense est le rôle que la divine Providence semble avoir réservé à la France dans cette circonstance solennelle. Et qu'on ne se préoccupe pas ici de ses intérêts matériels, une large part leur sera faite comme conséquence forcée de son contact avec ces innombrables populations dont les besoins et les goûts trouveront dans les produits français des satisfactions vivement recherchées.

Alors la France inscrira avec orgueil sur son drapeau, *la Chine ouverte*, et, suspendu au temple de toutes ses gloires, ce trophée d'une victoire pacifique brillera d'un éternel éclat.

Marseille. — Imprimerie Vᶜ Marius OLIVE, rue Paradis, 68.

www.ingramcontent.com/pod-product-compliance
Lightning Source LLC
Chambersburg PA
CBHW051432060726
47596CB00006B/2466